MEXIKANISCHE
Küche

KÖNEMANN

DIE MEXIKANISCHE KÜCHE

Die meisten Zutaten für mexikanisches Kochen sind bekannt und leicht erhältlich. Ausnahmen bilden Maismehl, Fertig-Tortillas und frische Jalapeno-Chillies, die es nur in bestimmten Geschäften gibt.

Avocados: Birnenförmige Frucht mit dunkelgrüner oder tiefvioletter bis schwarzer Haut. Das Fruchtfleisch hat einen leicht nussigen Geschmack und ist cremig-gelbgrün in der Farbe. Normalerweise werden Avocados roh in Salaten gegessen oder gemust und zu einem Dip verarbeitet. In Mexiko wird hauptsächlich die violette Avocado verwendet, die oft cremiger ist und einen intensiveren Geschmack hat.

Chillies: Frisch, getrocknet oder als Pulver erhältlich. Ausgiebig in mexikanischen Speisen verwendet. Die Menge an Chillies in diesen Rezepten sollte dem eigenen Geschmack angepaßt werden. Frische Chillies sind immer schärfer als getrocknete.

Flache Platte: Eine dünne irdene Platte, die zur Zubereitung der Tortillas verwendet wird. Eine Pfanne mit schwerem Boden kann als Ersatz dienen.

Gebackene Bohnen: Rote Kidney-Bohnen, die zu einer fast cremeartigen Konsistenz gebraten werden. Im Supermarkt in Dosen erhältlich. Man kann sie selbst herstellen, indem man gut abgetropfte rote Kidney-Bohnen aus der Dose oder eingeweichte und gekochte getrocknete Kidney-Bohnen in Öl oder Schmalz brät und dabei mit einem Kartoffelstampfer zerdrückt. Wenn sie an den Rändern anfangen, knusprig zu werden, sind sie fertig.

Huevos: Eier. »Huevos Rancheros« bedeutet »Eier nach Farmer-Art«.

Jalapeno-Chillies: Scharf bis sehr scharf im Geschmack. Jalapeno-Chillies sind dunkelgrün in der Farbe und kurz und gedrungen im Aussehen. Frisch beim Gemüsehändler oder in Gläsern eingemacht erhältlich. Als Ersatz kann kleiner, scharfer roter Chilli dienen.

Koriander: Wird im Spanischen »cilantro« genannt. Koriander wird wegen seines erfrischenden Geschmacks verwendet und ist frisch, als Samen oder Pulver erhältlich. Untereinander können diese jedoch nicht ersetzt werden, denn frischer Koriander hat einen völlig anderen Geschmack als getrockneter.

Kreuzkümmel: Als ganzer Samen oder in Pulverform verwendet. Hat einen etwas bitteren, herben Geschmack.

Mais: In Mexiko wird sowohl frischer als auch getrockneter Mais verwendet, oft auch als »maize« bezeichnet. Frischer Mais am Kolben ist beim Gemüsehändler, gefrorener oder in Dosen im Supermarkt erhältlich. Maiskolben sind am schmackhaftesten, wenn sie sofort nach dem Pflücken zubereitet werden. Die meisten von uns werden diesen frischen Geschmack wohl nicht erleben, trotzdem sollte beim Einkauf auf zarte, biegsame Kolben mit leuchtender Farbe geachtet werden.

Maismehl: In Mexiko wird es »Masa Harina« genannt und aus feingemahlenem Mais hergestellt. Verwendet wird es zur Zubereitung von Tortillas und anderen Backwaren. Maismehl, von blaßgelber Farbe, kann in Naturkost-Läden erhältlich sein. Manchmal wird es auch als Stärkemehl bezeichnet, doch ist es nicht das gleiche wie Polenta oder Stärkemehl aus Kartoffeln.

Nelken: Ein aromatisches Gewürz, das für süße und pikante Gerichte, als ganze Nelke oder gemahlen, verwendet wird.

Paprikaschoten Auch »spanischer Pfeffer« genannt. Paprikaschoten werden in der mexikanischen Küche am häufigsten verwendet. Es gibt viele verschiedene Sorten, süß bis scharf im Geschmack. Rote Paprika werden normalerweise unter einem heißen Grill »verkohlt«, bis die Haut schwarz ist. Sie werden erst mit einem feuchten Tuch bedeckt, dann wird die Haut abgezogen.

Pepitas: Grüne Kürbissamen, deren Haut entfernt wurde. In Supermärkten oder Naturkostläden erhältlich.

Schmalz: Gemeint ist hier Schweineschmalz, das in der mexikanischen Küche allgemein Verwendung findet. In den Rezepten dieses Buches wurde Schmalz durch die gesündere Alternative Olivenöl ersetzt. Wird allerdings der Schmalzgeschmack bevorzugt, kann es statt des Oli-venöls verwendet werden.

Snapper: In der mexikanischen Küche sehr beliebter Fisch. Rötlich in der Farbe, mit einem unverkennbaren Höcker am Kopf. Beim Einkauf auf festes Fleisch und vorstehende Augen achten. Kann durch Barsch oder Seezunge ersetzt werden.

Tacos: Tortillas, die gefaltet und knusprig fritiert wurden. Im Supermarkt manchmal als Fertigprodukt erhältlich.

Tortillas: Sehr beliebtes, hauchdünnes Fladenbrot aus Maismehl. Sie variieren in der Größe, je nachdem, wofür man sie benutzen will (siehe Rezept S. 8).

Zimt: Ein beliebtes Gewürz in Mexiko, das sowohl in süßen als auch in pikanten Gerichten Anwendung findet. In Stangen- oder Pulverform erhältlich.

Zwiebeln: In Mexiko bevorzugt man weiße Zwiebeln, wegen ihres schärferen Geschmacks, doch die milderen spanischen Gemüsezwiebeln oder roten Zwiebeln werden auch manchmal verwendet.

Avocado halbieren und den Stein mit der Klinge eines scharfen Messers entfernen.

Avocado schälen, mit einer Gabel das Fruchtfleisch in einer Schüssel zerdrücken.

VORSPEISEN UND SUPPEN

Fast alle mexikanischen Gerichte haben »Biß« durch die ausgiebige Verwendung von Chillies. Diese Vorspeisen und Suppen sind ˆazu geeignet, die Geschmacksknospen prickeln zu lassen.

Guacamole

Ein beliebter Dip.

Vorbereitungszeit: 20 Minuten
Zubereitungszeit: keine
Für 6 Personen

2 reife Avocados
1 kleine Zwiebel
1 mittelgroße Tomate
1 EL frischer Koriander, geschnitten
62 ml saure Sahne
1 EL Zitronensaft
Tabasco nach Belieben

1. Avocados halbieren, Stein mit einem scharfen Messer entfernen.
2. Avocado schälen, Fruchtfleisch in eine mittelgroße Schüssel legen. Mit einer Gabel gut zerdrücken, bis eine glatte Masse entsteht.
3. Zwiebel und Tomate klein schneiden, mit dem geschnittenen Koriander mischen.
4. Mit den übrigen Zutaten zum Avocado-Mus in die Schüssel geben, gut vermischen. Als Dip zu Mais-Chips servieren, oder als Füllung für Tacos verwenden.

Hinweis: Ist das Avocado-Fruchtfleisch der Luft ausgesetzt, verfärbt es sich. Um dies zu verhindern, den Stein der Avocado im Dip aufbewahren, den Dip mit Folie abdecken.

TIP
Um den Stein zu entfernen, ohne das Fruchtfleisch zu beschädigen, ein scharfes Messer in den Stein stekken. Das Messer zurückziehen. Der Stein kommt mit dem Messer heraus.
Überbackene Guacamole ist delikat als Zwischenmahlzeit oder Frühstücksgericht. Guacamole auf Toast häufen, mit geriebenem Käse und gegrillten Speckstückchen bestreuen, und grillen, bis der Käse geschmolzen ist.

Zwiebel, Tomate und Koriander klein schneiden. 1 EL Zitronensaft darüberträufeln.

Alle Zutaten in einer Schüssel mischen und als Dip mit Mais-Chips servieren.

Dip aus gerösteten Pepitas mit knusprigen Kräckern

Vorbereitungszeit:
30 Minuten
Zubereitungszeit:
30–40 Minuten
Für 4–6 Personen

1 großes Stück Schweineschwarte
1/4 TL Chili-Pulver
1/2 TL Salz

FÜR DEN DIP:
1 Becher Pepitas (siehe Hinweis)
1 Knoblauchzehe
1 mittelgroße Zwiebel, grobgeschnitten
2 TL Zitronensaft
83 ml Olivenöl

1. Backofen auf 250 °C vorheizen. 2 Backbleche (32 x 28 cm) mit Alufolie auslegen. Schweineschwarte mit einem scharfen Messer diagonal einkerben.
2. In einer kleinen Schüssel Chili-Pulver und Salz vermischen. Die Schwarte mit der Mischung einreiben. Auf eines der vorbereiteten Bleche legen. 30 Min., oder bis die Schwarte knusprig ist, backen. Herausnehmen, leicht abkühlen lassen und in Stücke brechen.
3. **Pepita-Dip:** Pepitas auf das zweite Blech legen. 2 Min. auf dem heißen Grill 2 Min. rösten, bis die Kerne aufgehen und platzen. Herausnehmen und abkühlen lassen.
4. Pepitas, Knoblauch, Zwiebel, Zitronensaft und Öl in die Küchenmaschine geben. 30 Sek. oder bis eine glatte Masse entsteht verarbeiten. Mit den knusprigen Kräckern servieren.

Hinweis: Pepitas sind geschälte Kürbiskerne. Sie sind in Supermärkten oder Naturkostläden erhältlich. Manchmal werden sie einfach als »Kürbissamen« bezeichnet. Sie sind grün. Nicht verwechseln mit weißen, gesalzenen Kürbiskernen – diese müssen vor dem Verzehr noch geschält werden. Der Dip hält sich gut im Kühlschrank. Mit kleingeschnittener Rohkost serviert, ist er genauso lecker.

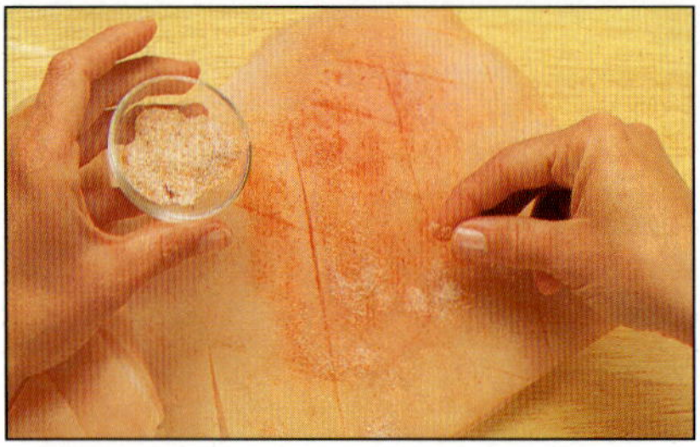

Chili-Pulver und Salz mischen und gut in die Schwarte einreiben.

Schwarte 30 Min. backen, bis sie knusprig ist. Nach dem Abkühlen in Stücke brechen.

Alle Zutaten für den Pepita-Dip in die Schüssel der Küchenmaschine geben.

Pepita-Dip zu einer glatten Masse verarbeiten und mit den knusprigen Kräckern servieren.

Tortillas

Tortillas, mexikanisches Brot, werden mit den meisten Mahlzeiten serviert.

165 g Mehl, gesiebt
110 g Maismehl, gesiebt
250 ml warmes Wasser

Vorbereitungszeit: 1 Stunde
Zubereitungszeit: 20 Minuten
Für 16 x 20 cm Ø
20 x 15 cm Ø
40 x 10 cm Ø Tortillas

1. In einer großen Rührschüssel Mehl und Maismehl vermischen. In die Mitte eine Vertiefung drücken, nach und nach warmes Wasser hineingeben. Mit einer flachen Messerklinge einen festen Teig bereiten. Teig auf ein leicht bemehltes Brett legen, 3 Min. kneten, bis er weich ist.
2. Teig in die benötigten Portionen teilen. Die Portionen auf dem bemehlten Brett nacheinander ausrollen, bis sie sehr dünn sind (Papierstärke). Beiseite stellen, nicht benötigte Portionen in Folie einwickeln, um ein Austrocknen zu verhindern.
3. Eine trockene Pfanne mit schwerem Boden oder eine flache Platte (s. S. 2) erhitzen. Eine Tortilla in die Pfanne oder auf die flache Platte legen. Wenn die Ränder anfangen, sich zu wellen, umdrehen und von der anderen Seite backen. Einige Sekunden pro Seite genügt. Wenn überschüssiges Mehl in der Pfanne zu brennen beginnt, Pfanne mit Küchenpapier ausreiben.

Hinweis: Tortillas (ausgesprochen: *tort-ii-jah*) werden weich, wenn sie zu lange stehen. In Stücke reißen, und mit Dips, oder mit Füllung gerollt, als Burrito servieren. In einem luftdichten Behälter bleiben die Tortillas bis zu einer Woche frisch. Kurz im Ofen oder in der Mikrowelle erwärmen. Ältere Tortillas können in mundgerechte Stücke gerissen und in Schmalz oder Öl fritiert werden, bis sie knusprig sind. Wie die Mais-Chips mit einem Dip reichen.

Mehl und Maismehl in einer Schüssel mischen, in die Mitte eine Mulde drücken und Wasser hinzufügen.

Den Teig 3 Min. auf leicht bemehltem Brett kneten, bis er weich ist.

Teig in Portionen aufteilen und hauchdünn zur gewünschten Größe ausrollen.

Tortillas nacheinander von beiden Seiten in einer Pfanne oder auf einer flachen Platte backen.

Huevos Rancheros

Vorbereitungszeit: 1 Stunde
Zubereitungszeit: 35 Minuten
Für 6 Personen

2 kleine rote Paprikaschoten, halbiert und entkernt
2 TL Olivenöl
2 TL Olivenöl, zusätzlich
1 TL Oregano, gemahlen
1 kleine Zwiebel, feingeschnitten
1 mittelgroße grüne Paprikaschote, feingeschnitten
2 EL Tomatenmark
2 Jalapeno-Chillies, feingeschnitten
6 Tortillas, 15 cm
6 Eier, gebacken oder pochiert
80 g Cheddar-Käse, gerieben

1. Paprika mit Öl bepinseln. 12–15 Min., oder bis die Haut schwarz wird, grillen. Mit feuchtem Tuch abdecken, bis sie kalt sind. Haut abschälen. Paprikafleisch in die Küchenmaschine geben. 30 Sek. verarbeiten. Beiseite stellen.

2. Das zusätzliche Öl in einer mittelgroßen Pfanne erhitzen. Oregano, Zwiebel, grüne Paprika und Tomatenmark hinzufügen. Braten, bis es weich ist. Rotes Paprikapüree und Chillies unterrühren. Köcheln, 1 Min. rühren.

3. Zum Servieren 1 gebackenes oder pochiertes Ei auf eine Tortilla legen. Mit einem EL Paprika-Sauce überziehen und mit geriebenem Cheddar-Käse bestreuen.

Hinweis: Huevos Rancheros ißt man in Mexiko zum Frühstück oder zum Mittagessen. Normalerweise heiß serviert, können sie aber auch kalt gegessen werden. Die Paprika-Sauce kann als Dip für die Tortillas verwendet werden. Sie dient auch als feurige Beigabe zu Rühreiern oder Fleischgerichten. Die Sauce gut zugedeckt im Kühlschrank aufbewahren. Sie hält sich mehrere Tage lang.

Die angekohlten Paprika mit einem sauberen, feuchten Tuch abdecken, bis sie kalt sind.

Die schwarze Haut abziehen, und das Fleisch in der Küchenmaschine pürieren.

Rotes Paprika-Püree und Chillies in die Sauce rühren und 1 Minute erhitzen.

Ei auf Tortilla legen, mit Paprika-Sauce überziehen und mit geriebenem Käse bestreuen.

Hühnersuppe mit Erbsen

Vorbereitungszeit: 1 Stunde
Zubereitungszeit: 40 Minuten
Für 6–8 Personen

1 Becher gelbe, halbierte Erbsen
1/2 Becher grüne, halbierte Erbsen
1 kleine Zwiebel, geschnitten
2 Lorbeerblätter
10 Pfefferkörner
1 l Wasser
2 Hühnerbrustfilets
250 ml Hühnerbrühe
1 EL frischer Koriander, geschnitten

1. Erbsen, Zwiebel, Lorbeerblätter, Pfefferkörner und Wasser in einen großen Topf geben. Zum Kochen bringen, gelegentlich rühren. Hitze reduzieren und ohne Deckel köcheln, bis die Erbsen weich sind. Während des Köchelns Schaum von der Oberfläche abschöpfen. Von der Kochplatte nehmen, abkühlen lassen. Lorbeerblätter entfernen.
2. Überschüssiges Fett am Huhn abschneiden. Hühnerbrühe in einem Topf erhitzen, Hühnerbrustfilets darin dünsten, bis sie weich sind. Herausnehmen, abtropfen lassen, Brühe aufbewahren. Abgekühltes Huhn in sehr dünne Streifen schneiden, beiseite stellen.
3. Erbsen-Mischung in die Schüssel der Küchenmaschine geben. 1–2 Min. verarbeiten, bis sie sämig ist. Zurück in den Topf geben. Hühnerbrühe und Koriander hinzufügen. Aufkochen und servieren.

Hinweis: Die Suppe kann mehrere Stunden vorher vorbereitet werden. Vor dem Servieren aufwärmen. Statt der Erbsen können Linsen für dieses Gericht verwendet werden; sie werden schneller weich. Rote Linsen müssen nicht über Nacht eingeweicht werden.

TIP
Die halbierten Erbsen werden schneller weich, wenn sie über Nacht in kaltem Wasser eingeweicht werden. Kein Salz hinzufügen. Abschütten und zum Kochen frisches Wasser nehmen.

Erbsen, Zwiebel, Lorbeerblätter, Pfefferkörner und Wasser in einen großen Topf geben.

Während des Köchelns den Schaum an der Oberfläche abschöpfen.

Hühnerfilet dünsten, bis es weich ist, abkühlen lassen und in dünne Streifen schneiden.

Erbsen-Mischung pürieren, Hühnerbrühe und geschnittenen Koriander hinzufügen.

Cremige Mais-Tomatensuppe

Vorbereitungszeit: 35 Minuten
Zubereitungszeit: 15 Minuten
Für 4–6 Personen

1 TL Olivenöl
1 TL Instanthühnerbrühe
1 mittelgroße Zwiebel, feingeschnitten
3 mittelgroße Tomaten
425 g pürierte Tomaten, aus der Dose
310 g pürierter Mais, aus der Dose
125 g Maiskörner aus der Dose, abgetropft
Chili-Pulver, nach Belieben
Saure Sahne und Tortillas

1. Öl in einer großen Pfanne erhitzen. Instantbrühe und Zwiebeln hinzufügen, braten, bis die Zwiebeln weich sind.
2. Tomaten schälen, mit einem Löffel die Samen entfernen, kleinschneiden. Mit Tomatenpüree, Maispüree und Maiskörnern in die Pfanne geben. Mit Chili-Pulver würzen. Rühren, bis es heiß ist. Mit einem Löffel saure Sahne und den Tortillas servieren.

Hinweis: Diese Suppe kann in einem luftdichten Behälter bis zu 4 Wochen eingefroren werden. Sind alle Zutaten zur Hand, kann man diese Suppe jederzeit zubereiten.

Öl erhitzen, Zwiebeln und Instantbrühe hinzufügen und braten, bis die Zwiebeln weich sind.

Tomaten schälen, halbieren und mit einem Löffel die Samen entfernen.

Geschnittene Tomaten mit dem Tomaten- und Maispüree zu den Zwiebeln geben.

Maiskörner hinzufügen, mit Chili-Pulver würzen und kochen, bis es heiß ist.

Lamm von überschüssigem Fett und Sehnen befreien, rollen und gut mit einem Faden zusammenbinden.

Tomatenmark, Chili-Pulver, Pfeffer, Knoblauch, Kümmel und Zimt mischen.

LAMM, RIND UND SCHWEIN

Mexikanische Fleischgerichte sind würzig und schmackhaft, vorherrschend ist der angenehme Geschmack von Zimt und Kümmel.

Gebratenes Lammfleisch

Vorbereitungszeit: 15 Minuten
Zubereitungszeit: 35 Minuten
Für 4 Personen

450 g Lammbrust, ohne Knochen
125 ml Tomatenmark
1/4 TL Chili-Pulver
1/4 TL Pfeffer, gemahlen
2 Knoblauchzehen, gehackt
1 TL Kreuzkümmel, gemahlen
1/2 TL Zimt, gemahlen
50 g Cheddar-Käse, gerieben

1. Backofen auf 180 °C vorheizen. Überschüssiges Fett vom Fleisch abschneiden. Fleisch rollen und mit Faden zusammenbinden.
2. Tomatenmark, Chili-Pulver, Pfeffer, Knoblauch, Kreuzkümmel und Zimt in eine kleine Schüssel geben. Fleisch darin wenden. Mit Käse bestreuen.
3. Fleisch in eine Backform legen, 35 Min. im Backofen braten, bis es braun und durch ist. Vor dem Schneiden 10 Min. mit Folie abgedeckt stehen lassen. Mit gebackenen Bohnen oder frischem Saisongemüse servieren.

Hinweis: Auf diese Art mit Gewürzen gebratenes Lamm läßt sich auch hervorragend mit gemischtem grünem Salat und Tortillas als Beigabe kalt servieren.

TIP
Ein Holzbrett nur zum Schneiden von Zwieben, Knoblauch und Chilischoten reservieren.

Die Chili-Mischung mit einem Messer oder Spatel über das Fleisch geben.

Lamm in eine Backform geben und mit geriebenem Cheddar-Käse bestreuen.

Lamm Empanados

Fleischpastete.

Vorbereitungszeit: 1 Stunde
Zubereitungszeit: 30 Minuten
Für 6 Personen

2 TL Olivenöl
250 g Lamm, gehackt
1/2 kleine Zwiebel, feingeschnitten
1/2 mittelgroße grüne Paprikaschote, feingeschnitten
1 kleine Möhre, feingeschnitten
2 EL Tomatenmark
1 TL Zimt, gemahlen
2 TL brauner Zucker

PASTETE:
220 g Mehl mit Backpulver vermischt, gesiebt
250 g Butter, geschnitten
1 Ei
62 ml Wasser
30 g weiche Butter, zusätzlich
1 Eigelb, leicht geschlagen

1. Öl in einer mittelgroßen Pfanne erhitzen. Lamm-Hack und Zwiebel hinzufügen. Auf mittlerer Hitze 3 Min. braten. Paprika, Möhre, Tomatenmark, Zimt und Zucker hinzufügen. Gut vermischen. Von der Kochplatte nehmen, abkühlen lassen.
2. Backofen auf 200 °C vorheizen. Ein Backblech (32 x 28 cm) mit zerlassener Butter oder Öl bepinseln. Mit Mehl bestäuben. Überschüssiges Mehl abschütteln.
3. Um die Pastete zu bereiten: Mehl und Butter in die Schüssel der Küchenmaschine geben. 30 Sek. verarbeiten, oder so lange bis die Mischung krümelig ist. Ei und Wasser hinzufügen. 30 Sek., bis sich alles vermischt hat, verarbeiten. Teig auf bemehlte Unterlage legen. Kneten, bis er weich ist. Nicht zu stark kneten, da er sonst klebrig wird. In 3 gleich große Portionen teilen.
4. Jede Portion auf einer leicht bemehlten Oberfläche zu 20 x 20 cm großen Quadraten ausrollen. Zwei Quadrate mit der zusätzlichen, weichen Butter bestreichen. Die 3 Teigquadrate aufeinanderlegen, mit dem ungebutterten Quadrat zuoberst. Die 3 Lagen zusammen ausrollen.
5. 6 Kreise (15 cm Durchmesser) ausstechen. Fleischmischung gleichmäßig auf den Kreisen verteilen. Die Ränder mit Eigelb bestreichen. Auf die Hälfte falten, die Ränder zusammendrücken. Auf das vorbereitete Blech legen, mit Eigelb bepinseln und 15 Min. backen, bis die Pasteten aufgegangen und goldbraun sind. Mit grünem Salat servieren.

Hinweis: Empanados können in einem luftdichten Behälter bis zu vier Wochen eingefroren werden. In Mexiko füllt man diese Pasteten auf die verschiedensten, schmackhaftesten Arten. Mit Taco-Füllung ausprobieren.

Paprika, Möhre, Tomatenmark, Zimt und Zucker zum gebratenen Lamm geben.

Teig in 3 gleich große Portionen teilen und jede Portion zu einem Quadrat ausrollen.

2 Quadrate mit Butter bestreichen und die Quadrate aufeinanderlegen.

Füllung auf die Teigkreise geben, die Ränder mit Eigelb bestreichen und dann zusammenfalten.

Tex-Mex Chili con Carne

Vorbereitungszeit: 30 Minuten
Zubereitungszeit: 40 Minuten
Für 4 Personen

1 EL Olivenöl
2 Knoblauchzehen, gehackt
750 g mageres Steak, in 2 cm große Würfel geschnitten
1 große Zwiebel, geschnitten
2 Lorbeerblätter
250 ml Tomatensaft
440 g geschälte Tomaten aus der Dose, mit der Gabel zerdrückt
465 g rote Kidney-Bohnen, aus der Dose, abgetropft
1/2 TL Oregano, gemahlen
1 TL Kümmel, gemahlen
1/2 TL Chili-Pulver

1. Öl und Knoblauch in einer großen Pfanne erhitzen. Fleisch portionsweise bei mittlerer Hitze braten, bis es gut gebräunt ist.
2. Zwiebel, Lorbeerblätter, Tomatensaft und Tomaten hinzufügen. Unter Rühren zum Kochen bringen. Hitze reduzieren.
3. Abgedeckt köcheln, bis das Fleisch sehr weich und die Flüssigkeit auf die Hälfte eingekocht ist. Kidney-Bohnen und Gewürze hineinrühren und erhitzen. Mit Guacamole und Mais-Chips servieren.

Gewürfeltes Fleisch portionsweise in dem mit Knoblauch gewürzten Öl anbraten, bis es gut gebräunt ist.

Zwiebel, Lorbeerblätter, Tomatensaft und Tomaten mit dem Fleisch in der Pfanne vermischen.

Kidney-Bohnen hineinrühren, wenn das Fleisch sehr weich und die Flüssigkeit eingekocht ist.

Ganz zum Schluß Oregano, Kümmel und Chili-Pulver hineinrühren, erhitzen und servieren.

Würzige Rind-Bohnen-Tacos

Vorbereitungszeit: 25 Minuten
Zubereitungszeit: 15 Minuten
Für 4 Personen

2 TL Olivenöl
250 g Rinderhack
1 kleine Zwiebel, feingeschnitten
$1/4$ TL Chili-Pulver
62 ml Tomatenmark
1 TL Kümmel, gemahlen
1 TL Koriander, gemahlen
500g gebackene Bohnen (s. S. 2)
12 Taco-Muscheln
$1/2$ Becher Cheddar-Käse, gerieben
2 kleine Möhren, gerieben
2 mittelgroße Tomaten, geschnitten
$1/2$ kleiner Salat, zerpflückt

1. Öl in mittelgroßer Pfanne erhitzen, Rinderhack und Zwiebel hinzufügen. Auf mittlerer Hitze braten, bis alles gut gebräunt und fast die ganze Flüssigkeit verdampft ist.
2. Chili-Pulver, Tomatenmark, Kümmel, Koriander und gebackene Bohnen hinzufügen. Gut vermischen. 2–3 Min., oder bis die Mischung heiß ist, unter gelegentlichem Rühren, kochen.
3. Zum Servieren Backofen auf 180 °C vorheizen. Taco-Muscheln über die Querstäbe des Gitterrostes hängen. Das verhindert, daß sie sich beim Aufwärmen schließen. Ca. 8 Min. erhitzen, bis sie knusprig sind. Alternativ dazu können die Taco-Muscheln in der Mikrowelle erhitzt werden. Den Anweisungen auf der Packung folgen. Die Tacos mit Hack-Mischung, Käse, Möhren, Tomaten und Salat füllen. Saure Sahne oder Guacamole kann, wenn gewünscht, auch hinzugefügt werden.

Hinweis: Die Hack-Mischung kann 4 Wochen in einem luftdichten Behälter eingefroren werden. Tacos lassen sich auch gut einfrieren. Sie müssen vor dem Aufwärmen nicht aufgetaut werden.

Rinderhack und geschnittene Zwiebeln in Öl braten, bis das Fleisch gut gebräunt ist.

Chili-Pulver, Tomatenmark, Kümmel und Koriander hinzufügen und gut mischen.

Gebackene Bohnen hineinrühren und 2–3 Minuten, oder bis die Mischung heiß ist, kochen.

Fleischmischung in die Taco-Muscheln geben und mit Käse, Möhren, Tomaten und Salat bedecken.

Burritos

Heiß oder kalt servieren.

Vorbereitungszeit: 15 Minuten
Zubereitungszeit: 30 Minuten
Für 4 Personen

500 g Rumpsteak
1 TL Olivenöl
1 mittelgroße Zwiebel, gehackt
1 Stück Zimtstange
4 Nelken
1 Lorbeerblatt
500 ml Rinderbrühe
8 x 20 cm Tortillas
Tomato Salsa zum Servieren

1. Überschüssiges Fett vom Fleisch abschneiden. In 2 cm große Würfel schneiden. Öl in einer Pfanne erhitzen, Zwiebel hinzufügen. Braten, bis sie goldbraun ist.
2. Fleisch, Zimtstange, Lorbeerblatt und Rinderbrühe hinzufügen. Zum Kochen bringen. Hitze reduzieren, zugedeckt 30 Min. köcheln lassen, bis das Fleisch weich und fast die ganze Flüssigkeit verkocht ist. Zimtstange, Nelken und Lorbeerblatt herausnehmen.
3. Fleisch mit zwei Gabeln in Stücke zerteilen. In Tortillas eingerollt mit Tomato Salsa und Salat servieren.

Hinweis: Die Fleischmischung hält sich zugedeckt bis zu einer Woche im Kühlschrank.

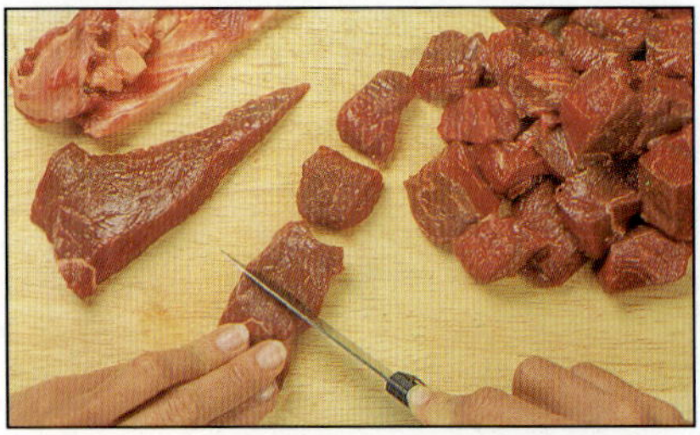

Fleisch von Fett und Sehnen befreien. In 2 cm große Würfel schneiden.

Geschnittene Zwiebel bei mittelgroßer Hitze in Öl braten, bis sie goldbraun ist.

Fleisch in die Pfanne mit Zimtstange, Nelken, Lorbeerblatt und Rinderbrühe geben.

Wenn das Fleisch gar und alle Flüssigkeit verkocht ist, Fleisch mit Gabeln in Stücke zerteilen.

Tomaten, Zwiebel, Tomatenmark, Kümmel, Koriander und Tabasco mischen.

Fisch mit der Mischung aus Pfeffer, Zitronensaft und zerlassener Butter bepinseln.

FISCH UND MEERESFRÜCHTE

In Mexiko sind Fischgerichte sehr beliebt, und die hier vorgestellten Fisch- und Muschelgerichte sind frisch, einfach und schnell zu bereiten.

Brasse mit Tomaten-Käse-Kruste

Vorbereitungszeit: 40 Minuten
Zubereitungszeit: 15 Minuten
Für 4 Personen

2 mittelreife Tomaten, geschält, entkernt und kleingeschnitten
1 kleine Zwiebel, gehackt
1 EL Tomatenmark
1/2 TL Kümmel, gemahlen
1/2 TL Koriander, gemahlen
Tabasco nach Belieben
1/4 TL Pfeffer, gemahlen
1 EL Zitronensaft
20 g Butter, zerlassen
4 mittelgroße Brassen-Filets
125 g Käse, gerieben
1/2 Becher frische Semmelbrösel

1. Backofen auf 180 °C vorheizen. Ein Backblech (32 x 28 cm) mit zerlassener Butter oder Öl bestreichen. Die geschnittenen Tomaten in eine Schüssel geben. Zwiebel, Tomatenmark, Kümmel, Koriander und Tabasco hinzufügen. Gut vermischen und beiseite stellen.
2. Pfeffer, Zitronensaft und Butter in einer anderen Schüssel mischen. Brassen-Filets auf das vorbereitete Blech legen. Mit der Pfeffermischung einpinseln und mit der Tomatenmischung bedecken.
3. Mit einer Mischung aus Semmelbröseln und Käse bestreuen. 15 Min. backen oder bis der Fisch weich ist und sich ablöst, wenn mit der Gabel probiert wird. Heiß mit Salaten und Tortillas servieren.

Fisch mit Tomatenmischung bedecken und mit einer Mischung aus Käse und Semmelbröseln bestreuen.

Gabel in den dicksten Teil des Fisches stechen; der Fisch ist gar, wenn sich das Fleisch löst.

Gebackener Snapper mit Speck und Kapern

Vorbereitungszeit: 25 Minuten
Zubereitungszeit: 40 Minuten
Für 4–6 Personen

4 kleine Snapper (je ca. 300 g)
Zitronensaft nach Belieben
gemahlener Pfeffer nach Belieben
1 TL Olivenöl
1 kleine Zwiebel, dünn geschnitten
2 Scheiben durchwachsener Speck, feingeschnitten
60 ml Weißwein
1 EL Kapern
2 EL saure Sahne
125 ml Sahne

1. Backofen auf 180 °C vorheizen. Fisch schuppen und ausnehmen. Nebeneinander in eine ofenfeste Form legen. Mit Zitronensaft und Pfeffer bestreuen, beiseite stellen.
2. In einer kleinen Pfanne Öl erhitzen, Zwiebel und Speck hinzufügen. Anbraten, bis die Zwiebeln weich sind. Wein, Kapern, saure Sahne und Sahne hineinrühren. Über den Fisch gießen. 40 Min. im Backofen backen. Mit Gemüse oder einem grünen Salat servieren.

Hinweis: Statt Snapper können auch kleine Brassen verwendet werden. Probieren Sie diese Sauce auch zu jedem anderen Fisch.

Fisch in eine ofenfeste Form geben, Zitronensaft darübergießen und mit Pfeffer bestreuen.

Zwiebel und Speck in Öl anbraten, bis die Zwiebeln weich sind.

Wein, Kapern, saure Sahne und Sahne hineinrühren. Gut mischen.

Sauce über den Fisch gießen und 40 Minuten backen.

Garnelen in Koriander

Vorbereitungszeit:
25 Minuten
Zubereitungszeit:
10 Minuten
Für 4–6 Personen

24 rohe große Garnelen
40 g Butter
1 Knoblauchzehe, gehackt
1 TL brauner Zucker
2 EL Limonensaft
3 EL frischer Koriander, feingeschnitten
2 TL frischer Schnittlauch, geschnitten
2 TL saure Sahne

1. Garnelen schälen, den Schwanz dabei unversehrt lassen, Darm entfernen. Beiseite stellen.

2. Butter in einer mittelgroßen Pfanne erhitzen, Knoblauch, Zucker, Limonensaft, Koriander, Schnittlauch und saure Sahne hinzufügen. Gut vermischen. Garnelen dazugeben, schwenken, bis sie rosa und durch sind. Heiß oder kalt servieren.

Hinweis: Austern und andere Muscheln können auf die gleiche Art zubereitet werden. Koriander ist ein sehr intensives Gewürz und wird in der mexikanischen Küche häufig verwendet. Man muß sich an den Geschmack gewöhnen, und man serviert Gästen dieses Gericht am besten nur, wenn man sicher ist, daß sie Koriander mögen.

Rohe große Garnelen schälen, dabei den Schwanz unversehrt lassen. Darm entfernen.

Butter erhitzen, Knoblauch, Zucker, Limonensaft, Koriander, Schnittlauch und saure Sahne hinzufügen.

Wenn die Sauce heiß und gut gemischt ist, Garnelen hinzufügen.

Die Garnelen unter ständigem Rühren kochen, bis sie rosa werden. Nicht zu lange kochen.

Würzige Meeresfrüchte mit Reis

Vorbereitungszeit: 45 Minuten
Zubereitungszeit: 20 Minuten
Für 4–6 Personen

375 ml Gemüse- oder Fischbrühe
10 Muscheln, gesäubert
2 mittelgroße Kalmare, geschnitten
10 mittelgroße, rohe Garnelen, geschält und gesäubert
1 EL Olivenöl
1/2 TL Zimt, gemahlen
1/2 TL Nelken, gemahlen
1 mittelgroße Zwiebel, feingehackt
62 ml Tomatenmark
1 1/2 Becher Langkorn-Reis
375 ml Wasser
240 g Muscheln aus der Dose, abgetropft
Limonensaft nach Belieben

1. Brühe in einen Topf geben. Zum Kochen bringen, Hitze reduzieren, Muscheln, Kalmare und Garnelen hinzufügen. Köcheln lassen, bis die Schalen der Muscheln sich geöffnet haben und Kalmare und Garnelen gerade weich sind. Mit einem Schaumlöffel herausnehmen, beiseite stellen und Brühe aufbewahren. Muscheln, die sich nicht geöffnet haben, wegwerfen.
2. Öl in einer Pfanne erhitzen. Zimt, Nelken, Zwiebel und Tomatenmark hinzufügen, bei mittlerer Hitze rühren. Reis hinzufügen, Hitze auf niedrigste Stufe reduzieren. Reis 2 Min., oder bis er goldfarben ist, rühren.
3. Aufbewahrte Brühe und Wasser mischen. 1/4 der Mischung in die Pfanne geben. 4–5 Min. ständig rühren, bis die Flüssigkeit aufgebraucht ist.
4. Den Vorgang dreimal wiederholen, dabei ständig rühren, bis alle Flüssigkeit hinzugefügt und der Reis fast weich ist.
5. Die gedünsteten Meeresfrüchte und Muscheln dazugeben. Etwas Limonensaft hineinrühren. Zudecken und 4 Min. stehen lassen. Mit Tomato Salsa und warmen, in Stücke gerissenen Tortillas sofort servieren.

Muscheln sind gar, wenn sich ihre Schalen geöffnet haben. Ungeöffnete Muscheln aussondern.

Zimt, Nelken, Zwiebel, Tomatenmark und Reis zu dem Öl in der Pfanne geben.

Ein Viertel der Flüssigkeit in die Pfanne geben und kochen, bis sie absorbiert ist. Wiederholen.

Wenn der Reis weich ist, die gedünsteten Meeresfrüchte, Muscheln und Limonensaft hinzufügen.

Knoblauch, Piment, Oregano, Kümmel, Zimt, Chili-Pulver, Koriander und Wein mischen.

Gewürzmischung über die Hühnerbrustfilets geben, zudecken und in den Kühlschrank stellen.

HUHN

Huhn auf mexikanische Art zubereitet ist für die meisten eine neue Erfahrung – besonders seine ungewöhnliche und überraschend delikate Kombination mit Schokolade.

Würzige Hühnerfilets

Chili-Pulver nach Belieben.

Vorbereitungszeit: 30 Minuten + 4 Stunden zum Marinieren
Zubereitungszeit: 30–40 Minuten
Für 4 Personen

6 Knoblauchzehen
1/2 TL Piment, gemahlen
1 TL Oregano
1/2 TL Zimt, gemahlen
1/2 TL Chili-Pulver
1 TL Kümmel, gemahlen
1/2 TL Koriander, gemahlen
83 ml Rotwein
4 Hühnerbrust-Filets
60 g Butterschmalz, zum Braten

1. Knoblauch, Piment, Oregano, Zimt, Chili-Pulver, Kümmel, Koriander und Wein in die Küchenmaschine geben. 1–2 Min. verarbeiten, bis die Masse cremig ist. Beiseite stellen.
2. Huhn in eine mittelgroße Schüssel legen. Die Gewürzmischung darübergießen. 4 Std. in den Kühlschrank stellen.
3. Butterschmalz in einer großen Pfanne erhitzen. Huhn aus der Marinade nehmen, abtropfen lassen. Portionsweise auf mittlerer Hitze 5–7 Min., oder bis das Fleisch gar ist, braten. Einmal wenden. Mit frischem Gemüse servieren.

Hinweis: Piment (Allspice) ist auch als Jamaika-Pfeffer bekannt, denn fast die gesamte Piment-Welternte kommt aus Jamaika. Er wird aus der Beere eines in den Tropen Amerikas heimischen Baumes hergestellt und vereinigt im Geschmack eine Mischung mehrerer Gewürze.

Huhn aus der Marinade nehmen, abtropfen lassen, Huhn portionsweise in Butterschmalz braten.

Huhn 5–7 Minuten lang braten, bis es gar ist, einmal wenden.

Huhn mit fruchtiger Füllung

Vorbereitungszeit: 25 Minuten
Zubereitungszeit: 30–40 Minuten
Für 4 Personen

FÜLLUNG:
1 TL Zitronensaft
1 kleine Zwiebel, geschnitten
200 g getrocknete Fruchtmischung, geschnitten
20 g Butter, zerlassen
1/2 Becher Mandeln, feingehackt
gemahlener Pfeffer nach Belieben
1/2 TL Kümmel, gemahlen

1 Huhn (1,5 kg)
1/2 TL gemahlener Pfeffer, zusätzlich
1/2 TL gemahlener Kümmel, zusätzlich
1 EL Zitronensaft, zusätzlich
30 g zerlassene Butter, zusätzlich

1. Backofen auf 180 °C vorheizen. Zitronensaft, Zwiebel, getrocknete Früchte, Butter, Mandeln, Pfeffer und Kümmel in eine kleine Schüssel geben und mischen. Überschüssiges Fett vom Huhn abschneiden, Huhn mit der Fruchtmischung füllen, Flügel und Schenkel mit Bindfaden zusammenbinden.
2. Den zusätzlichen Pfeffer, Kümmel, Zitronensaft und Butter in einer kleinen Schüssel mischen. Huhn mit dieser Mischung bepinseln. Über einer Auffangschale auf den Gittereinsatz im Backofen legen. 30–40 Min. braten, bis das Huhn goldbraun und durch ist. 10 Min. mit Folie abgedeckt stehen lassen. Vor dem Servieren Bindfaden entfernen. Mit der Füllung und frischem Gemüse servieren.

Hinweis: Getrocknete Aprikosen können statt der getrockneten Fruchtmischung verwendet werden.

TIP
Ein Stück altes Brot mit Butter bestreichen und mit der Butterseite nach innen in der Bauchöffnung des Huhns plazieren. Das verhindert das Herausquellen der Füllung.

Zutaten für die Füllung in einer kleinen Schüssel gut mischen.

Das Huhn füllen, und Flügel und Schenkel mit Bindfaden zusammenbinden.

Pfeffer, Kümmel, Zitronensaft und zerlassene Butter mischen.

Huhn mit der Mischung bepinseln, auf den Rost legen und braten.

Huhn in Paprika-Sauce

Vorbereitungszeit: 25 Minuten
Zubereitungszeit: 30–40 Minuten
Für 4 Personen

2 mittelgroße rote Paprikaschoten, halbiert und entkernt (siehe Hinweis)
2 TL Olivenöl
1 EL Olivenöl, zusätzlich
1 kg Hühnerteile
1 mittelgroße Zwiebel, feingeschnitten
2 Knoblauchzehen, gehackt
2 grüne Äpfel, geschält und gerieben
1 TL Oregano, gemahlen
440 g geschälte Tomaten aus der Dose, mit der Gabel zerdrückt
2 mittelgroße gelbe oder rote Paprikaschoten, zusätzlich, entkernt und geschnitten
Chili-Pulver nach Belieben

1. Rote Paprikaschoten mit Öl bepinseln. 12–15 Min. grillen, bis die Haut schwarz ist. Mit feuchtem Tuch abdecken, bis sie abgekühlt sind. Haut abziehen. Paprika in die Küchenmaschine geben. 30 Sek. verarbeiten, bis eine glatte Masse entsteht. Beiseite stellen.

2. Öl in einer Bratpfanne erhitzen. Huhn portionsweise bei mittlerer Hitze 5 Min. braten, bis es goldbraun ist. Einmal wenden. Aus der Pfanne nehmen, auf Küchenpapier abtropfen lassen.

3. Zwiebel, Knoblauch, Äpfel und Oregano in die Pfanne geben, auf niedrigster Hitzestufe rühren. Tomaten, rotes Paprikapüree und geschnittene Paprika hinzufügen, 2 Min. rühren. Hühnerteile in die Pfanne geben. Zum Kochen bringen, Hitze reduzieren. Ohne Deckel 40 Min. köcheln, oder bis die Flüssigkeit eingekocht und das Huhn weich ist. Mit Chili-Pulver nach Geschmack würzen. Mit warmen Tortillas servieren.

Hinweis: Die rote Paprika grillen, bis die Haut schwarz ist. Das gibt dem Fleisch einen unverkennbar rauchigen Geschmack.

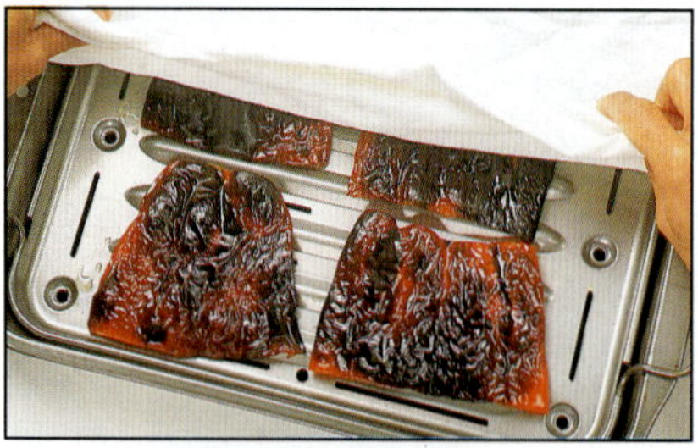

Rote Paprikahälften grillen, bis die Haut schwarz ist. Mit feuchtem Tuch abdecken.

Hühnerteile portionsweise 5 Min., oder bis sie goldbraun sind, braten.

Zwiebel, Knoblauch, Äpfel und Oregano in die Pfanne geben und bei niedriger Hitze dünsten.

Tomaten, rotes Paprikapüree und geschnittene Paprika zur Zwiebelmischung geben.

Huhn in Schokoladensauce

Vorbereitungszeit: 20 Minuten
Zubereitungszeit: 20 Minuten
Für 4 Personen

50 g Mehl, gesiebt
1/4 TL Zimt, gemahlen
4 Hühnerbrust-Filets
2 TL Olivenöl
20 g Butter
1 kleine Zwiebel, feingehackt
2 TL Kakaopulver, gesiebt
2 TL brauner Zucker
2 TL Tomatenmark
60 ml Rotwein
250 ml Hühnerbrühe
1 EL saure Sahne
1/3 Becher Rosinen
geröstete Mandelblättchen, zum Garnieren

1. Backofen auf 180 °C vorheizen. Mehl und Zimt in einer mittelgroßen Schüssel mischen. Hühnerfilets im gewürzten Mehl wenden. Überschüssiges Mehl abschütteln. 1 TL der Mehlmischung beiseite stellen. Öl und Butter in einer großen Pfanne erhitzen. Filets auf mittlerer Hitze braten, bis sie goldbraun sind, dabei einmal wenden. Aus der Pfanne nehmen, auf Küchenpapier abtropfen lassen.

2. Zwiebel, Kakao und Tomatenmark in die Pfanne geben und auf niedriger Hitze rühren. Rotwein und Brühe nach und nach zugeben, auf niedriger Hitze rühren, bis die Mischung cremig ist.

3. Saure Sahne und zurückbehaltene Mehl-Zimt-Mischung in einer kleinen Schüssel verrühren. Mit den Rosinen zur Zwiebelmischung geben, bei mittlerer Hitze rühren.

4. Hühnerfilets in eine ofenfeste Form geben. Sauce darübergießen. Mit einem Deckel abdecken. 20 Min. backen, bis das Fleisch weich ist. Hühnerfilets mit gerösteten Mandelblättchen garniert servieren.

Hühnerfilets in gewürztem Mehl wenden, dann in Butter und Öl braten, bis sie goldbraun sind.

Zwiebel, Kakao, Zucker und Tomatenmark in die Pfanne geben, Wein und Brühe hinzufügen.

Saure Sahne und Mehl verrühren. Mit den Rosinen zur Zwiebelmischung geben.

Sauce über die Hühnerfilets gießen, zudecken und backen, bis es zart ist.

Öl erhitzen und Zwiebel, Tomatenmark, Chili-Pulver, Kümmel und Tomatensaft hinzufügen.

Brühe und Tomaten in die Pfanne geben, zum Kochen bringen, dann Hitze reduzieren.

GEMÜSE UND SALATE

Viele mexikanische Gemüsegerichte können als Hauptgericht mit Tortillas oder als eigenständige Gerichte serviert werden.

Gemüse-eintopf

Vorbereitungszeit: 30 Minuten
Zubereitungszeit: 10–15 Minuten
Für 6 Personen

2 TL Olivenöl
1 kleine Zwiebel, feingehackt
62 ml Tomatenmark
1/4 TL Chili-Pulver
1 TL Kümmelsamen
125 ml Tomatensaft
250 ml Gemüsebrühe
440 g geschälte Tomaten aus der Dose, mit der Gabel zerdrückt
2 kleine Möhren, geschnitten
2 mittelgroße Zucchini, halbiert und geschnitten
20 grüne Bohnen
300 g Blumenkohl, in Röschen zerteilt

1. Öl in einer großen Pfanne erhitzen. Zwiebel, Tomatenmark, Chili-Pulver, Kümmelsamen und Tomatensaft hinzufügen. Rühren bis alles gut vermischt ist.
2. Gemüsebrühe und Tomaten hinzufügen. Zum Kochen bringen. Hitze reduzieren. Restliche Gemüse hinzufügen. Ohne Deckel köcheln lassen, bis sie weich sind. Mit frischen Tortillas servieren.

Hinweis: Diesen Eintopf bereitet man in Mexiko aus den verschiedensten Gemüse zu und sehr oft aus den Resten vom Vortag.
Gekochtes Gemüse braucht nur wenige Min. in der Sauce erhitzt zu werden. Sauce 10 Min. kochen, bevor die Gemüse hinzugefügt werden.
Mais, frisch oder aus der Dose, ist eine beliebte Zutat in Mexiko.

Gemüse, die zusammen gekocht werden sollen, in Stücke schneiden.

Gemüse zur Tomatensauce in die Pfanne geben und ohne Deckel köcheln lassen, bis sie weich sind.

Reisgefüllte Paprika mit Käse

Vorbereitungszeit: 40 Minuten
Zubereitungszeit: 25 Minuten
Für 6 Personen

3 kleine rote Paprikaschoten
3 kleine grüne Paprikaschoten
1 EL Olivenöl
1 kleine Zwiebel, geschnitten
1/4 TL Chili-Pulver
1/2 TL Kümmel, gemahlen
1 TL Instantbrühe
2 EL Tomatenmark
1 Becher Reis
500 ml Wasser
310 g Maiskörner aus der Dose, abgetropft
2 Jalapeno-Chillies, geschnitten
3/4 Becher Cheddar-Käse, gerieben

1. Backofen auf 180 °C vorheizen. Paprika an der Stielseite durchschneiden und Deckel beiseite legen. Vorsichtig Mittelteil und Samen entfernen, ohne die Hülle zu beschädigen.
2. Öl in einer mittelgroßen Pfanne erhitzen. Zwiebel, Chili-Pulver, Kümmel, Instantbrühe, Tomatenmark und Reis hineinrühren. Wasser hinzufügen. Mit festschließendem Deckel abdecken. Langsam zum Kochen bringen, einmal rühren. Hitze reduzieren, zugedeckt köcheln lassen, bis fast das gesamte Wasser absorbiert ist. Von der Kochplatte nehmen. Abgedeckt 5 Min. stehenlassen, bis das Wasser verdampft und der Reis gerade weich ist. Mais, Chillies und 1/2 Becher Käse unterrühren.
3. Jede Paprika mit der Reismischung füllen. Mit dem restlichen Käse bestreuen. Deckel wieder aufsetzen. Paprika auf ein Backblech setzen und 15 Min. backen, oder so lange, bis die Paprika etwas weicher geworden ist. Mit Tortillas und Salat heiß servieren.

Hinweis: Gelbe Paprika können für dieses Rezept auch verwendet werden.

Oberen Teil der Paprika abschneiden und vorsichtig Mittelteil und Samen entfernen.

Öl erhitzen, Chili-Pulver, Kümmel, Instantbrühe, Tomatenmark und Reis hinzufügen.

Wenn der Reis gar ist, Mais, Chillies und $^1/_2$ Becher geriebenen Käse unterrühren.

Jede Paprika mit der Reismischung füllen, mit Käse bestreuen und die Deckel wieder aufsetzen.

Scharfer Chili-Mais

Ein Sommergericht.

Vorbereitungszeit: 30 Minuten
Zubereitungszeit: 10 Minuten
Für 6 Personen

3 ganze Maiskolben, in 3 cm dicke Scheiben geschnitten
40 g Butter
2 EL frischer Koriander, geschnitten
1 EL Tomatenmark
1/4 TL Chili-Pulver, oder nach Belieben
saure Sahne zum Servieren

1. Eine große Pfanne halb mit Wasser füllen. Zum Kochen bringen und Mais hineingeben. Hitze reduzieren, köcheln lassen, bis der Mais weich ist. Abtropfen lassen.
2. Butter, Koriander, Tomatenmark und Chili-Pulver in einer großen Schüssel vermischen. Heißen Mais hinzufügen. Gut vermengen. Sofort mit saurer Sahne servieren.

Hinweis: Ist frischer Mais nicht erhältlich, gefrorene Maiskolben verwenden. Die Kombination von Mais, Koriander und Chili-Pulver ist eine überraschende Geschmackserfahrung für diejenigen, die nur Maiskolben mit Butter und Pfeffer kennen. Es könnte auch Ihr Lieblingsrezept für die Zubereitung frischer Maiskolben werden!

Blätter und Fäden von den Maiskolben abziehen, dann in 3 cm dicke, runde Scheiben schneiden.

Wasser erhitzen, Mais hineingeben und köcheln, bis der Mais weich ist. Abtropfen lassen.

Zerlassene Butter, Koriander, Tomatenmark und Chili-Pulver mischen.

Heißen Mais in die Chili-Mischung geben und gut vermischen. Mit saurer Sahne servieren.

Süß-würzige Linsen

Vorbereitungszeit:
10 Minuten
Zubereitungszeit:
15–20 Minuten
Für 6 Personen

3/4 Becher rote Linsen
1 kleine Zwiebel, feingehackt
1/2 TL Kümmel, gemahlen
1/2 TL Zimt, gemahlen
4 Nelken
250 ml Orangensaft
125 ml Wasser

1. Linsen waschen und abtropfen lassen. Mit Zwiebel, Kümmel, Zimt, Nelken, Orangensaft und Wasser in einen mittelgroßen Topf geben. Zum Kochen bringen. Hitze reduzieren und ohne Deckel köcheln lassen. Gelegentlich rühren, bis die Flüssigkeit aufgesogen und die Linsen sehr weich sind. Nelken herausnehmen und heiß oder kalt mit dem Lieblingsfleischgericht, oder, mit oder ohne Fleisch in eine Tortilla eingerollt, als Burrito servieren.

Hinweis: Sie können auch braune oder grüne Linsen für dieses Gericht verwenden. Sie müssen jedoch längere Zeit gekocht werden, da sie größer sind, und langsamer weich werden. Die Kochzeit verkürzt sich, wenn man sie über Nacht einweicht.

Zutaten vorbereiten: Zwiebel schneiden, Orange auspressen und Gewürze abmessen.

Linsen, Zwiebel, Gewürze, Orangensaft und Wasser in einem Topf mischen.

Die Mischung zum Kochen bringen und ohne Deckel köcheln lassen, bis die Flüssigkeit aufgebraucht ist.

Wenn die Linsen weich sind, ist das Gericht fertig. Vor dem Servieren Nelken herausnehmen.

Avocados mit Limone und Chillies

Vorbereitungszeit: 20 Minuten
Zubereitungszeit: keine
Für 6 Personen

1 TL Limonenschale, feingeraspelt
2 EL Limonensaft
1 TL brauner Zucker
1 EL Olivenöl
1 EL frische Petersilie, feingehackt
2–3 Jalapeno-Chillies, entkernt und geschnitten
2 reife Avocados, geschält und geschnitten

Limonenschale und Saft, Zucker, Öl, Petersilie und Chillies in einer kleinen Schüssel gut vermischen.

Über die geschnittene Avocado gießen. Als pikanten Salat zu Fisch-, Muschel-, Geflügel- oder Fleischgerichten servieren.

Hinweis: Dieser Salat hält sich 2–3 Tage zugedeckt im Kühlschrank – Limonensaft verhindert, daß die Avocado braun wird. Sind Limonen nicht erhältlich, Zitronen verwenden. Die Avocado kann auch gewürfelt, oder mit einem Melonenschneider kugelförmig ausgestochen werden (sie muß dazu fest sein). Sauce wie zuvor über die Avocado geben und als Appetithäppchen servieren.

Limonenschale feinraspeln, Chillies entkernen und schneiden, Petersilie hacken.

Avocado schälen, Kern entfernen und in gleichmäßige Scheiben schneiden.

Limonenschale, Saft, Zucker, Öl, Petersilie und Chillies miteinander vermischen.

Sauce über die geschnittene Avocado gießen und als Salat servieren.

Tomato Salsa

Vorbereitungszeit:
10 Minuten
Zubereitungszeit:
keine
Für 4–6 Personen

1 mittelgroße Tomate, feingeschnitten
1 mittelgroße rote Zwiebel, feingehackt
2 EL frischer Koriander, feingeschnitten
3 EL Limonensaft
2 TL Limonenschale, geraspelt

Ein fester Bestandteil der mexikanischen Küche. Alle Zutaten gut in einer mittelgroßen Schüssel vermischen. Zudecken und im Kühlschrank kühlen. Als Beigabe zu Empanados, als Füllung für Tacos, eingerollt in Tortillas als Burritos oder als erfrischende Sauce mit Fleisch-, Geflügel- oder Fischgerichten servieren.

Hinweis: Wird ein milderer Geschmack bevorzugt, Frühlingszwiebeln verwenden. Feingeschnittene grüne oder rote Chillies für schärferen Geschmack hinzufügen. Die Größe der Tomate und Zwiebel bestimmt die Menge dieses Rezeptes. Es ist am besten, wenn es frisch verzehrt wird, doch es kann zugedeckt bis zu 2 Tagen im Kühlschrank aufbewahrt werden.

Tomate sehr fein, die rote Zwiebel der Länge nach schneiden.

Frischen Koriander fein schneiden, 3 TL Limonensaft auspressen und die Schale reiben.

Tomate, Zwiebel, Koriander und Limonenschale in eine Schüssel geben. Saft hinzufügen.

Gut rühren und vermischen, dann mit Folie abdecken und im Kühlschrank kühlen.

DESSERTS UND GEBÄCK

*In Mexiko mag man das Dessert eher würzig als süß.
Zimt und Nelken sind am beliebtesten.*

Frische Früchte mit Nelkensirup

Vorbereitungszeit: 15 Minuten
Zubereitungszeit: 15 Minuten
Für 4–6 Personen

100 g brauner Zucker
60 ml Wasser
1/4 TL Nelken, gemahlen
1 EL Triple Sec Likör
80 ml Zitronensaft
1 kleine Ananas, in dünne Dreiecke geschnitten
2 mittelgroße Bananen, diagonal geschnitten
2 Mangos, geschnitten

1. Zucker, Wasser, Nelken, Likör und Zitronensaft unter Rühren erhitzen, bis sich der Zucker aufgelöst hat. Zum Kochen bringen. Ohne Deckel köcheln lassen, bis sich die Flüssigkeit um 1/4 reduziert hat.
2. Abgekühlten Sirup über Früchte gießen. Mit saurer Sahne servieren.

Zucker, Zitronensaft, Wasser, Nelken und Triple Sec in einem kleinen Topf mischen.

Sirup ohne Deckel köcheln, bis sich die Flüssigkeit um ein Viertel reduziert hat.

Früchte in hübsche, mundgerechte Scheiben schneiden.

Früchte in Schälchen arrangieren und den abgekühlten Sirup darübergießen.

Cremiger Zimt-Schokoladenring

Vorbereitungszeit:
20 Minuten + über Nacht stehen lassen
Zubereitungszeit:
40 Minuten
Für 6–8 Personen

150 g Kristallzucker
1/2 TL Zimt, gemahlen
150 g dunkle Schokolade, geschnitten
1 1/4 Becher Schmand
4 Eier, leicht geschlagen
125 ml Milch

1. Backofen auf 150 °C vorheizen. Eine 20 cm Ringform mit zerlassener Butter oder Öl auspinseln. Zucker und Zimt in einen Topf geben. Ohne zu rühren vorsichtig erhitzen, bis der Zucker zu schmelzen beginnt. Bei niedriger Hitze rühren, bis eine gleichmäßige Färbung erreicht ist und der Zucker sich aufgelöst hat. Von der Kochplatte nehmen, 1 Min. stehen lassen. In die vorbereitete Backform gießen.
2. Schokolade und Schmand in einen Topf geben. Bei niedriger Hitze rühren, bis die Schokolade sich aufgelöst hat. Von der Kochplatte nehmen. Leicht abkühlen lassen.
3. Schokoladenmischung, Eier und Milch in einer großen Schüssel mit dem Schneebesen schlagen. Mischung in die Backform geben.
4. Die gefüllte Ringform in ein tiefes Backblech mit warmem Wasser stellen, das bis zur Hälfte der Form reicht. 40 Min. backen, oder bis die Masse fest ist und ein hineingestochenes Messer sauber bleibt, wenn es herausgezogen wird. Sofort aus dem Wasserbad nehmen.
5. Pudding in der Form abkühlen lassen und über Nacht in den Kühlschrank stellen. Mit einem breiten Messer am Rand der Form entlang fahren. Auf eine Servierplatte stürzen. Bleibt die Masse an der Form hängen, einige Min. ein heißes Tuch über den Boden der umgedrehten Form legen. Mit geschnittenen Früchten der Saison servieren.

Zucker und Zimt in einem Topf mischen und vorsichtig erhitzen, bis der Zucker zu schmelzen beginnt.

Eier und Milch unter die abgekühlte Schokoladenmasse in der Schüssel schlagen.

Gefüllte Ringform in ein Wasserbad stellen.

Der Pudding ist fertig, wenn ein hineingestochenes Messer beim Herausziehen sauber bleibt.

Zimt-Krapfen

Vorbereitungszeit: 1 Stunde
Zubereitungszeit: 30 Minuten
Ergibt 36 Stück

250 ml Wasser
70 g Butter
110 g Mehl, mit Backpulver vermischt
4 Eier, leicht geschlagen
Öl zum Fritieren

Zimt-Sirup
100 g brauner Zucker
250 ml Wasser
2 EL Orangensaft
1 TL Zimt, gemahlen

1. Wasser und Butter in einem Topf bei niedriger Hitze rühren, bis die Butter geschmolzen ist; nicht kochen lassen.
2. Topf von der Kochplatte nehmen, gesamtes Mehl hinzufügen. Mit einem Holzlöffel schlagen, bis eine glatte Masse entsteht. Auf die Kochplatte zurückstellen, erhitzen, bis die Mischung dick wird und sich vom Topfrand löst. Von der Kochplatte nehmen, leicht abkühlen lassen. Mischung in eine kleine Rührschüssel geben. Geschlagene Eier nach und nach hineingeben, danach jedesmal gut durchrühren, bis die Masse glänzt.
3. Öl in einem tiefen Topf erhitzen. Langsam gehäufte Teelöffel der Mischung ins mäßig heiße Öl geben und bei mittlerer Hitze 5 Min. backen, oder bis die Krapfen aufgegangen und goldbraun sind. Mit einem Schaumlöffel herausnehmen. Auf Küchenpapier abtropfen lassen. Mit Zimt-Sirup servieren.
4. Zimt-Sirup: Braunen Zucker, Wasser, Orangensaft und Zimt in einem kleinen Topf mischen. Rühren, bis sich der Zukker aufgelöst hat. Zum Kochen bringen. Hitze reduzieren. Köcheln, bis sich die Flüssigkeit auf $^3/_4$ ihres Volumens reduziert hat.

Hinweis: Etwas geriebene Orangen- oder Zitronenschale kann zum Teig hinzugefügt werden.

Das Mehl auf einmal zu Wasser und Butter geben, schlagen, bis eine glatte Masse entsteht.

Geschlagene Eier nach und nach hinzufügen, jedesmal gut durchrühren.

Für den Zimt-Sirup alle Zutaten in einem kleinen Topf mischen.

Mit einem Schaumlöffel die aufgegangenen und goldbraunen Krapfen herausnehmen.

Zimt-Shortbread-Plätzchen

Vorbereitungszeit: 20 Minuten
Zubereitungszeit: 10 Minuten
Ergibt 24 Stück

60 g Mehl
100 g Mehl, mit Backpulver vermischt
1/2 Becher Mandeln, geröstet
50 g Rohzucker
150 g weiche Butter
1 Ei
50 g Kristallzucker
1/2 TL Zimt, gemahlen

1. Backofen auf 180 °C vorheizen. Backblech (32 x 28 cm) mit zerlassener Butter oder Öl bepinseln, mit Backpapier auslegen, Papier fetten.
2. Beide Mehlsorten, Mandeln, Rohrzucker, Butter und Ei in die Schüssel der Küchenmaschine geben. 1 Min. auf höchster Stufe verrühren oder so lange, bis die Mischung zu einem Teig verarbeitet ist.
3. Gestrichenen Eßlöffel Teig zu Kugeln formen, Kugeln mit dem Handballen abflachen. Auf vorbereitetes Backblech legen.
4. Plätzchen mit Gemisch aus Kristallzucker und Zimt bestreuen. 10 Min. backen.
Vor dem Servieren auf einem Kuchengitter abkühlen lassen.

Mehl, Mandeln, Rohrzucker, Butter und Ei in der Küchenmaschine verarbeiten, bis ein Teig entsteht.

Gestrichenen Eßlöffel Teig mit den Händen zu Kugeln rollen.

Kugeln zwischen den Händen abflachen und auf ein Backblech legen.

Kristallzucker und Zimt mischen und über die Plätzchen streuen.

REGISTER